Carnevale Italiano

Italian Carnival

An Introduction to One of Italy's Most Joyful Celebrations

by Claudia Cerulli

Carnevale Italiano - Italian Carnival

Illustrations and Text Copyright © 2010 by Claudia Cerulli
Cover's Mosaic Art by Julia Norscia

For more bilingual books and resources visit "I Read Italian"
www.ireaditalian.com

Long Bridge Publishing
USA
www.LongBridgePublishing.com

ISBN-13: 978-0-9842723-2-7
ISBN-10: 0-9842723-2-1

Indice – Contents

Cenni Storici - Historical Notes

Carnevali Famosi - Famous Carnivals

Maschere – Costumes (Stock Characters)

    Arlecchino

    Colombina

    Pulcinella

    Gianduia

    Brighella

    Capitan Spaventa

    Balanzone

    Meneghino

    Meo Patacca

    Pantalone

Dolci – Sweets

    Ricetta per le Chiacchiere di Carnevale
    Recipe for Carnival's Chiacchiere

Cartina – Map

Gioca e Impara - Play and Learn

Cenni Storici

Il carnevale è una festa che si celebra nei mesi che vanno da dicembre a febbraio e termina il Martedì Grasso (il giorno prima del Mercoledì delle Ceneri). Nelle zone che seguono il rito Ambrosiano di Milano, il carnevale termina il sabato dopo il Mercoledì delle Ceneri. I festeggiamenti degli ultimi giorni di carnevale sono i più intensi e culminano il giorno di Martedì Grasso.

Il carnevale è una tradizione molto antica che risale ai festeggiamenti che si svolgevano nell'antica Roma prima dell'arrivo della primavera.

È un periodo di feste, parate, balli in maschera, giocolieri, maghi, maschere, canti e balli. Vengono infrante le regole sociali e, come dice il proverbio, *a carnevale ogni scherzo vale.*

Il carnevale si festeggia in tutta Italia, ed ogni città e paese ha le proprie tradizioni. Venezia, Viareggio, Ivrea e molte altre località organizzano festeggiamenti unici ed elaborati che sono conosciuti in tutto il mondo.

Alcune delle maschere più famose che sono diventate il simbolo del carnevale risalgono alla Commedia dell'Arte. Questa era una sorta di teatro buffonesco itinerante che nacque in Italia nel 15° secolo ed era caratterizzata da personaggi con determinate caratteristiche e costumi.

Molte città italiane hanno una loro maschera caratteristica, e molte di queste maschere sono diventate famose in tutta Italia anche grazie alle opere di Carlo Goldoni, il più importante commediografo della Commedia dell'Arte.

Oggigiorno mascherarsi è ancora la caratteristica principale del carnevale, con bambini ed adulti che si mettono in maschera per andare per le strade o per andare ad una festa. Nel passato, per divertimento, si usava lanciare uova e frutta alle persone o alle cose. Ora la gente invece lancia coriandoli colorati e stelle filanti.

Alcune tradizioni si sono modificate e trasformate nel tempo, ma per fortuna dolci gustosi e burle fanno ancora parte del carnevale e di come viene festeggiato ai nostri giorni in Italia.

Historical Notes

Carnival is a celebration that lasts from December to February and ends on Fat Tuesday (the day before Ash Wednesday). In the areas that follow the Ambrosian rite of Milan, Carnival ends on the Saturday after Ash Wednesday. The festivities of the last days of Carnival are the most intense and they culminate on Fat Tuesday.

Carnival is a very old tradition that originates from the festivities that used to be celebrated in ancient Rome before the arrival of spring.

It is a time of parties, parades, masked balls, jugglers, magicians, costumes, masks, singing, and dancing. Social rules are broken and, as the saying goes, *during carnival anything goes.*

Carnival is celebrated throughout Italy and every city, town, and village has its own traditions. Venice, Viareggio, Ivrea, and many other places have unique and elaborate celebrations that are world-famous.

Some of the well known masks and costumes that have become the symbol of Carnival, date back to the "Commedia dell'Arte". This is a comic form of street theater that developed in Italy in the 15th century which featured familiar characters each renowned for its distinctive mask and characterization. These characters are known as "stock characters".

Many Italian towns have their own characteristic stock characters. Many of these characters have become well known throughout the whole of Italy also thanks to the literary works of Carlo Goldoni, the most important play writer of the "Commedia dell'Arte".

Masquerading is still the characteristic of the modern Carnival, with children and adults dressing up and parading along the streets or at private parties.
In the past people used to throw eggs or vegetables at each other and at things as part of the celebration. Today, people throw colorful confetti and paper streamers.

Some traditions have changed with time, but luckily eating tasty sweets and playing pranks are still part of the way Carnival is celebrated in Italy today.

Carnevali Famosi

Carnevale di Venezia:

Il Carnevale di Venezia ha più di 900 anni. Come vuole la
tradizione, ogni anno le strade e le piazze della città si
riempiono di maschere colorate e di costumi fantastici.
I festeggiamenti durano circa dieci giorni e comprendono
spettacoli teatrali, danze, musica, arte e balli in maschera.

Carnevale di Viareggio

Il Carnevale di Viareggio è il più famoso carnevale toscano. La caratteristica principale
è costituita dalla sfilata dei carri di cartapesta, con i quali si rappresentano e si
prendono in giro fatti e personaggi famosi. I festeggiamenti durano un mese e
comprendono balli in maschera e vari spettacoli.

Carnevale di Acireale

Questo carnevale siciliano attrae turisti da tutto il mondo. Comprende parate di carri
allegorici e di carri infiorati davvero spettacolari. Fanno inoltre parte dei
festeggiamenti concerti dal vivo, gruppi mascherati, rappresentazioni folkloristiche e
concorsi vari.

Carnevale di Ivrea

Il Carnevale di Ivrea è uno dei più antichi carnevali del mondo ed è famoso per la
Battaglia delle Arance.
Ogni anno la popolazione si suddivide in due gruppi: gli *Aranceri a piedi* lanciano
arance (che rappresentano antiche frecce e sassi) contro gli *Aranceri sui carri* che
lanciano arance sulla folla nelle strade.
La sera dell'ultimo giorno di carnevale, Martedì Grasso, vengono eretti dei pali nel
mezzo delle piazze di ciascun quartiere. I pali vengono poi coperti con della paglia e
bruciati per indicare la fine dei festeggiamenti.

Famous Carnivals

Carnival of Venice

The Carnival of Venice is a 900 year old tradition where colorful masks and spectacular costumes fill the streets and the squares of the city. The festivities last about ten days and include theater, dance, music, art, and masquerade balls.

Carnival of Viareggio

The Carnival of Viareggio is the most famous carnival celebration in Tuscany. Its main characteristic is the paper-pulp float parade in which popular people and events are represented as caricatures and ridiculed. The celebrations last one month and include masked dances and several shows.

Carnival of Acireale

This Sicilian celebration attracts visitors from around the world.
It includes parades of allegorical floats and really spectacular flower floats.
Live concerts, colorful masquerades, folkloric performances, and competitions are also part of the celebrations.

Carnival of Ivrea

This is one of the oldest carnivals in the world and is mostly known for its Battle of the Oranges.
Every year the citizens split into two teams: *Aranceri on foot* and *Aranceri on carts*.
Aranceri on foot throw oranges (that represent ancient arrows and stones) at *Aranceri on carts* who can also throw oranges at the people in the streets.
In the evening of the last day of carnival, Fat Tuesday, many big poles are erected in the middle of each district's square, covered with dry bushes and set on fire to signal the end of the celebrations.

Arlecchino

Arlecchino è la maschera italiana più famosa. Proviene da Bergamo ed indossa un costume coloratissimo composto da tanti pezzi di stoffa a forma di rombo. È spiritoso e furbo, sempre affamato ma senza un soldo per comprarsi da mangiare.

Arlecchino (Harlequin) is the most popular Italian stock character (costume). He is from Bergamo and wears a colorful costume made of many diamond shaped pieces of fabric. He is witty and smart, is always hungry but has no money to buy food

Colombina

Colombina è la maschera femminile più conosciuta. Rappresenta una servetta veneziana vivace e scaltra. Le piace chiacchierare e spettegolare ed è molto affezionata alla sua padrona. È vezzosa e molto carina e di solito non porta la mascherina sul viso.

Colombina is the most popular female stock character. She represents a lively and shrewd Venetian servant. She likes to chat and to gossip, and is very protective of her Mistress. She is charming and very pretty and usually does not wear a mask on her face.

Pulcinella

Pulcinella è una delle maschere italiane più famose. È napoletano, è vestito tutto di bianco ed è un personaggio estroverso e chiacchierone. È anche pigro e scaltro, ed ama molto mangiare e bere.

Pulcinella is one of the most popular Italian stock characters. He is from Naples, is dressed all in white, and is an extroverted and chatty character. He is also lazy and sly, and likes to eat and drink a lot.

Gianduia

Gianduia è una maschera piemontese. Rappresenta un galantuomo allegro e coraggioso, amante del vino e del buon cibo. È simpatico e spiritoso ed indossa sempre un cappello a tricorno.

Gianduia is a stock character from Piemonte. He is portrayed as a happy, brave gentleman, fond of wine and good food. He is likeable and witty, and always wears a cocked (three-cornered) hat.

Brighella

Brighella è una maschera bergamasca e rappresenta un personaggio litigioso. È furbo, opportunista ed un gran bugiardo.

Brighella is a stock character from Bergamo and represents a hot-tempered person. He's smart, opportunistic and a masterful liar.

Capitan Spaventa

Il **Capitano** rappresenta la caricatura di un soldato di professione: audace, vanaglorioso e spaccone.
Ha dei grandi baffi, un costume a strisce dai colori accesi, un cappello con le piume ed una spada.

The Captain is a caricature of a professional soldier of the past: bold, boastful, and big-talking.
He has a large moustache, a brightly colored striped costume, a feathered hat, and a sword.

Balanzone

Il **Dottor Balanzone** è una maschera bolognese che in genere rappresenta un avvocato di successo.
È pedante e brontolone, parla molto ed è sempre vestito di nero.

Dottor Balanzone is a stock character from Bologna and generally represents a successful lawyer.
He is pedantic and grouchy, talks a lot and is always dressed in black.

Meneghino

Meneghino è una maschera milanese.
Rappresenta un personaggio bonario ed estroverso, un servo spiritoso e generoso. Indossa calze a righe, un cappello a tricorno ed una parrucca con il codino.

Meneghino is a stock character from Milan.
It portrays a good natured and extroverted figure, usually a witty and generous servant. He wears striped socks, a cocked hat (three-cornered) and a wig with a short ponytail.

Meo Patacca

Meo Patacca è una maschera romana che rappresenta un personaggio reale vissuto tanto tempo fa.
È un bullo, pasticcione e litigioso, ma è anche un personaggio generoso e coraggioso.

Meo Patacca is a stock character from Rome and represents a real person who lived a long time ago.
He is a bully, a bungler, a feisty character, but is also big-hearted and brave.

Pantalone

Pantalone rappresenta un veneziano anziano e ricco. È scorbutico e avaro. Indossa una camicia sopra i pantaloni rossi ed ha una barbetta a punta.

Pantalone represents an old, rich man from Venice. He is grumpy and stingy. He wears a red shirt over red pants, and has a pointed beard.

Dolci

In Italia ci sono tanti dolci tradizionali che vengono preparati solo durante il carnevale. Tra questi i più conosciuti sono le chiacchiere, le castagnole, le frittelle, le frittole, gli struffoli, i tortelli e le zeppole.

Chiacchiere

La ricetta delle chiacchiere si ritrova in tutta Italia con nomi diversi: *chiacchiere* in Lombardia, *frappe* nel Lazio ed in Umbria, *bugie* in Piemonte, *crostoli* nel Friuli, *cenci* in Toscana, *galani* nel Veneto, *lattughe* o *sfrappole* in Emilia, ecc. La variante, nelle varie ricette regionali, è costituita dal liquore che viene aggiunto all'impasto: marsala, liquore all'anice, vino bianco, ecc.

Sembra che la tradizione delle chiacchiere risalga a quella delle *frictilia*, dei dolci fritti nel grasso di maiale che venivano preparati nell'antica Roma proprio durante il periodo dell'odierno carnevale.

Se ti è venuta voglia di gustare delle croccanti e gustose chiacchiere prova la ricetta nell'altra pagina!

Sweets

In Italy, there are many traditional sweets distinctively associated with carnival and they include: chiacchiere, castagnole, frittelle, frittole, struffoli, tortelli, zeppole, and many more.

Chiacchiere

The recipe for chiacchiere (deep fried sugar powdered cookies) can be found all over Italy under different names: *chiacchiere* (gossips or chit chats) in Lombardia, *frappe* in Lazio and in Umbria, *bugie* (lies) in Piemonte, *crostoli* in Friuli, *cenci* (rags) in Toscana, *galani* in Veneto, *lattughe* (lettuce leaves) or *sfrappole* in Emilia, etc. The only difference among all the different recipes is usually the kind of liquor that is added to the ingredients. This can be marsala, anise liquor, or white wine.

It appears that the tradition of making chiacchiere comes from *frictilia*, sweets fried in lard that were used to celebrate festivals in ancient Rome during the same months in which people celebrate carnival today.

Now, if all this made you crave some tasty and crunchy chiacchiere, go on and try the recipe in the next page!

Ricetta per le Chiacchiere di Carnevale

Ingredienti per 6 persone:

- 225 gr di farina
- 25 gr di burro (a temperatura ambiente)
- 50 gr di zucchero
- 2 uova
- un pizzico di sale
- facoltativo: uno o due cucchiai di liquore
- 40 gr di zucchero a velo

Tempo di preparazione: 10 minuti + 1 ora (per far riposare l'impasto)
Tempi di cottura: 10 minuti (frittura) o 12 minuti (cottura al forno)

Mischiare tutti gli ingredienti (ad eccezione dello zucchero a velo) aggiungendo la farina un pò per volta e fare un impasto piuttosto duro.

Impastare bene e a lungo, aggiungendo ancora farina se l'impasto risulta troppo mollo. Infarinare l'impasto e lasciarlo riposare, coperto con uno strofinaccio, per circa un'ora.

Stendere l'impasto su di una superficie leggermente infarinata e creare una sfoglia alta circa 3 mm. Tagliare la sfoglia a strisce usando una rotellina dentata (quella che si usa per tagliare i ravioli). Fare le chiacchiere tagliando le strisce di sfoglia in pezzi più piccoli, larghi circa 5 cm e lunghi circa 7cm.

È arrivato il momento di cuocere le chiacchiere!

Puoi farlo in due modi:

- friggile in olio caldo, girandole una volta, finchè non sono belle dorate e scolale su di un piatto ricoperto di carta assorbente.
- cuocile in forno dopo averle messe su una teglia ricoperta con carta da forno, in forno già caldo, a 180° C per 12 minuti. Le chiacchiere saranno pronte quando saranno gonfie e dorate.

Spolverare le chiacchiere con zucchero a velo quando si saranno raffreddate.

Le chiacchiere sono più buone se vengono mangiate subito, ma possono anche conservarsi per un giorno se messe in un contenitore a chiusura ermetica.

Recipe for Carnival's Chiacchiere

Ingredients for 6 people:

- 1 3/4 cups all purpose flour
- 2 tablespoons unsalted butter (room temperature)
- 1 1/2 tablespoons of sugar
- 2 eggs
- a pinch of salt
- optional: one or two tablespoons of your choice of liquor
- 1/3 cup powdered sugar for dusting

Preparation Time: 10 minutes + 1 hour resting time
Cooking Time: 10 minutes (fried) or 12 minutes (baked)

Mix all the ingredients (except for the powdered sugar) adding the flour a little at a time and make a fairly stiff dough.

Knead the dough thoroughly and add more flour if it comes out too soft. Flour it, cover it and let it rest for about one hour.

After the resting time roll the dough out into an eighth-of-an-inch-thick sheet on a lightly floured work surface. Cut the sheet of dough into strips using a pastry wheel or ravioli cutter. Make chiacchiere by cutting the strips of dough into small pieces, about one inch wide and four inches long.

Time to cook the chiacchiere!

You have two options:

- deep fry them in hot oil, turning them once, till they are golden brown and drain them on a plate with absorbent paper towels or...
- bake them on a cookie sheet lined with parchment paper in a 350° F preheated oven till they are puffed and lightly golden (about 12 minutes).

Dust the chiacchiere with powdered sugar after they have cooled to room temperature.

Chiacchiere are best when served immediately, but they can be stored in an airtight container for one day.

Cartina – Map

Ivrea

Bergamo
Milano

Venezia

Piemonte

Bologna

Liguria

Viareggio

Roma

Napoli

Acireale

Arlecchino: *Bergamo*

Colombina: *Venezia*

Pulcinella: *Napoli*

Gianduia: *Piemonte*

Brighella: *Bergamo*

Capitan Spaventa: *Liguria*

Balanzone: *Bologna*

Meneghino: *Milano*

Meo Patacca: *Roma*

Pantalone: *Venezia*

Gioca e Impara

Play and Learn

Collega le Parole

Match the Words

STRADA	TUESDAY
MASCHERA	PARTY
FESTA	STREET
DOLCI	MASK
MARTEDÌ	SWEETS

Le soluzioni sono nell'ultima pagina.

Answers on last page.

Collega le Parole

Match the Words

PIAZZE	RECIPE
PARATA	WHITE
FURBO	MUSIC
BIANCO	FABRIC
MUSICA	SQUARES
STOFFA	SMART
PIGRO	PARADE
RICETTA	LAZY

Cerca le Parole

Search the Words

Riesci a trovare queste parole nel riquadro qui sotto?

Segna quelle che trovi e ricordati di controllare
in orizzontale e verticale.

Can you find these words in the puzzle below?

Circle each one you find. Be sure to look across and down.

allegro – avaro - città - calze

colori - costumi – rombo - viso

S	C	A	L	L	E	G	R	O
I	O	C	U	Z	T	Q	O	A
V	L	U	S	R	A	V	M	V
C	O	S	T	U	M	I	B	A
T	R	I	L	I	E	S	O	R
C	I	T	T	A	K	O	M	O
Y	O	A	P	C	A	L	Z	E

Inserisci le Lettere Mancanti

Fill in the Missing Letters

_ ORAGGIOSO

GEN _ E

PAGI _ A

_ NZIANO

PAN _ ALONI

PE _ SONA

CAPP _ LLO

TRADI _ IONALI

Ricomponi le Parole

Mixed up Words

Le lettere delle parole qui sotto sono tutte mischiate.

Riesci a rimetterle a posto?

Ricorda che sono tutte contenute nel libro.

These words are all mixed up! Can you fix them?

Hint: they are all in the book.

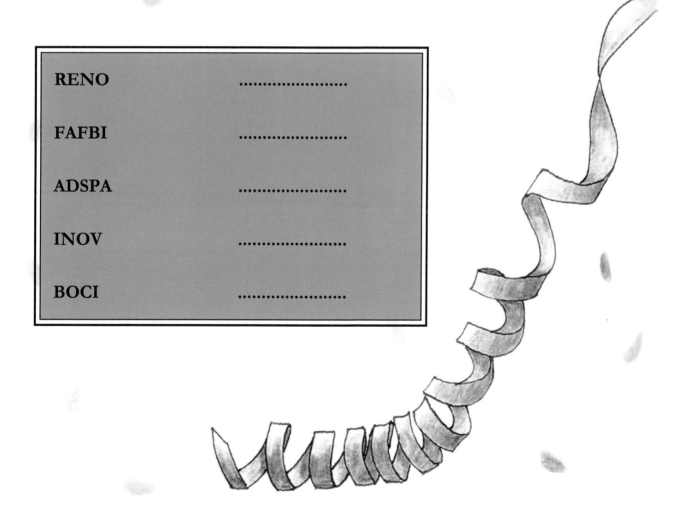

RENO ....

FAFBI ....

ADSPA ....

INOV ....

BOCI ....

Soluzioni

Answers

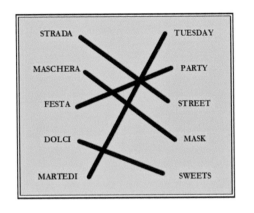

STRADA	TUESDAY
MASCHERA	PARTY
FESTA	STREET
DOLCI	MASK
MARTEDI	SWEETS

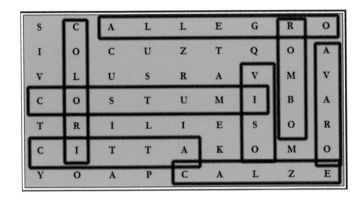

S	C	A	L	L	E	G	R	O
I	O	C	U	Z	T	Q	O	A
V	L	U	S	R	A	V	M	V
C	O	S	T	U	M	I	B	A
T	R	I	L	I	E	S	O	R
C	I	T	T	A	K	O	M	O
Y	O	A	P	C	A	L	Z	E

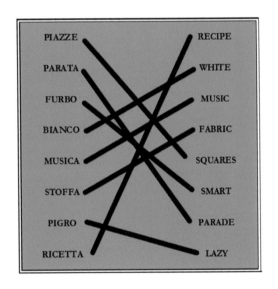

PIAZZE	RECIPE
PARATA	WHITE
FURBO	MUSIC
BIANCO	FABRIC
MUSICA	SQUARES
STOFFA	SMART
PIGRO	PARADE
RICETTA	LAZY

CORAGGIOSO

GENTE

PAGINA

ANZIANO

PANTALONI

PERSONA

CAPPELLO

TRADIZIONALI

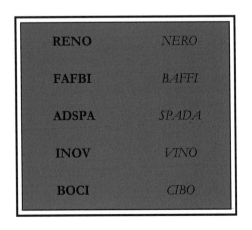

RENO	*NERO*
FAFBI	*BAFFI*
ADSPA	*SPADA*
INOV	*VINO*
BOCI	*CIBO*

CPSIA information can be obtained
at www.ICGtesting.com
Printed in the USA
LVIC06n0519051213
363987LV00010B/83